당신을 위한,
기도 워크북

PRAYER

당신을 위한,
기도 워크북

유예일 지음

WORK

BOOK

규장

10분도 기도하기 어려운 당신을 위한
강력한 기도 훈련 지침서

수련회나 부흥회, 특별 새벽기도회 때 마음먹고 기도하며
일시적으로 기도의 은혜를 누리기도 합니다.
하지만 삶으로 돌아오면 기도는 곧 죽어버립니다.
빡빡한 삶 속에서 도저히 기도할 힘도,
시간도 없다고 느끼기 때문이지요.

막상 기도의 자리에 힘겹게 앉아도
10분을 넘기기가 어렵습니다.
'무슨 말을 해야 할까,
하나님이 정말 내 기도를 듣고 계신 걸까….'
하나님 음성이 육성으로 들려오는 것이 아니니
고요한 적막 속에서 혼자 떠드는 것 같습니다.

교회에서 찬양을 부르며 인도자의 안내를 따라
기도할 때는 그나마 나은데,
혼자만의 '골방'에서 기도하는 것은 어찌나 힘든지요.

하지만 기도를 지속하기를 쉬지 말아야 함은
분명한 하나님의 뜻입니다.
이 기도 워크북은 기도해야 하는데 안 되고,
기도하고 싶은데 못하는 사람들을 돕기 위해 만들었습니다.

전체 12주 과정의 훈련을 따라 하다보면,
10분도 채 하지 못했던 기도가 어느새 30분, 1시간으로
자라있는 것을 발견하게 될 것입니다.

이 책은
어떤 사람이 보면 좋을까?

- 혼자 기도하려고 하면 어떻게 할지 몰라 답답한 성도

- 기도의 자리에 앉아도 10분을 넘기기 어려운 성도

- 매일 규칙적으로 기도하는 삶을 살기 원하는 성도

- 기도하는 것이 기쁘지 않고 습관에 매여 하고 있는 성도

- 기도 훈련을 하기 원하는 공동체나 사역자

- 자녀와 기도 훈련을 함께하길 원하는 부모

- 예배나 찬양은 익숙한데 기도가 어려운 새신자

이 책을
어떻게 활용하면 좋을까?

- 개인 기도
  - 처음 기도생활을 시작할 때
  - 기도의 지경을 넓히고 싶을 때

- 공동체 기도
  - 소그룹이나 중보기도 모임을 할 때
  - 체계적으로 기도를 배우거나 가르쳐야 할 때

- 활용 방법
  1. 각 주차 내용과 예시를 먼저 읽습니다.
  2. 예시를 참고하여 1주일간 훈련 내용을 매일 적습니다.
  3. 12주차 과정 진행 중, 혹은 마친 후에
     〈매일 훈련 점검표〉(68쪽)를 작성합니다.

PRAYER

WORK

BOOK

CONTENTS

기도의 시작

Step 1 기도의 시작은 주님의 이름을 부르는 것

셋도 아들을 낳고 그의 이름을 에노스라 하였으며

그때에 사람들이 비로소 여호와의 이름을 불렀더라 창 4:26

당신은 하루를 사는 동안

주님의 이름을 몇 번이나 부르는가?

주님의 이름을 불러보자.

기도가 시작될 것이다.

마음의 시선 옮기기

내가 산을 향하여 눈을 들리라 나의 도움이 어디서 올까
나의 도움은 천지를 지으신 여호와에게서로다 시 121:1,2

주님의 이름을 부르기 시작했는가?
그럼 마음의 시선을 그분께 옮겨보라.
적극적으로 주님을 생각하고, 입술로 고백해보라.

예시

• 주님의 이름 부르기

• 마음의 시선을 주님께로 옮기기

실천했다면 ♡, 실패했다면 X로 표시하고 기도 내용 적기

	아침	오전	오후	저녁	취침전	묵상
월	♡	X	♡	X	♡	출근길에, 업무로 스트레스가 몰려오는 오후에 잠시, 그리고 잠들기 전에 주님의 이름을 부르고 마음의 시선을 그분께 옮겨봤다. 아침에 찬양을 들으며 기도하니 도움이 되었고, 오늘 하루가 기대되었다.

- 주님의 이름 부르기
- 마음의 시선을 주님께로 옮기기

실천했다면 ♡, 실패했다면 X로 표시하고 기도 내용 적기

	아침	오전	오후	저녁	취침전	묵상 내용
주일						
월						
화						

	아침	오전	오후	저녁	취침전	묵상 내용
수						
목						
금						
토						

틈틈이, 정기적으로 :
수시기도와
정시기도 하기

수시기도

> 여호와께서 내 음성과 내 간구를 들으시므로
>
> 내가 그를 사랑하는도다
>
> 그의 귀를 내게 기울이셨으므로 내가 평생에 기도하리로다 시 116:1,2

일상의 틈새를 주님과 함께하는 시간으로 내어드려 보라.
잠시 눈을 감고 '아버지'를 부르고, 그분께 시선을 옮기며
다만 몇 마디라도 주님과 대화를 나누어 보라.
당신의 일상으로 주님을 초대하라.

정시기도

> 너는 기도할 때에 네 골방에 들어가 문을 닫고
> 은밀한 중에 계신 네 아버지께 기도하라
> 은밀한 중에 보시는 네 아버지께서 갚으시리라 마 6:6

'기도의 근육'을 기르는 것도
운동을 하여 몸을 만드는 것과 마찬가지이다.
'정시기도'의 습관을 만들기까지 씨름이 있지만
결국은 영혼이 살아나고 인생이 달라진다.

Step1 시간 정하기

먼저 정시기도의 시간, 횟수, 위치를 정하자.
막연히 기도해야겠다고 마음먹는 것과
구체적인 환경을 정하는 것은 큰 차이가 있다.

ex. 30분, 2~3회 하기
– 아침 15분/ 저녁 15분
– 아침 10분/ 점심 10분/ 저녁 10분

ex. 새벽 또는 취침 전에 집중 기도하기

– 새벽 30분/ 취침 전 5분

– 아침 5분/ 취침 전 30분

ex. 가장 기도에 집중하기 좋은 시간을 1회로 잡기

– 새벽 1시간

– 점심 30분

– 밤 40분

Step 2 장소 정하기

주님과 은밀한 골방의 처소를 만들어보라.

당신의 방도 좋고, 예배당도 좋고, 집 앞 한적한 공원도 좋다.

또 평소 차로 이동하는 시간이 많다면 차 안도 좋다.

혹 미션스쿨에 다닌다면 교내 기도실도 좋다.

예시

• 정시기도의 시간, 횟수, 위치 정하기

	정시기도 총 30분		수시기도		묵상
	아침 15분	저녁 15분			
주일	♡	♡	오전	♡	오늘은 주일이다. 아침부터 종일 주님을 많이 생각하고 기도할 수 있었다. 믿음이 충만하고 기쁨이 넘친다.
			오후	♡	
			취침 전	♡	
월	♡	♡	오전	♡	아침에 일어나 15분 기도하고, 찬양을 들으며 출근했다. 이렇게 한 주간을 시작하니 참 좋다. 주님께서 힘내라고 응원해주시는 것 같았다. 자기 전에도 말씀을 읽으며 기도했다. 하나님은 나의 반석이요 힘이시다.
			오후	♡	
			취침 전	♡	
화	♡	X	오전	♡	아침 시작은 좋았는데 종일 분주했다. 너무 피곤해서 누운 채 주님을 부르고 잠깐 묵상했다. 제대로 기도 못해서 죄송하다. 그래도 잠시나마 아버지를 부르니 주님이 '힘들었지? 수고했다'라고 위로해주시는 것 같아서 감사했다.
			오후	X	
			취침 전	♡	

• 정시기도의 시간, 횟수, 위치 정하기

	정시기도 총(분)		수시기도		묵상 내용
	아침 (분)	저녁 (분)			
주일					
월					
화					

	정시기도 총 (분)		수시기도		묵상 내용
	아침 (분)	저녁 (분)			
수					
목					
금					
토					

더 가까이 :

교제기도 하기

친밀함으로 드리는 기도

사람이 자기의 친구와 이야기함같이

여호와께서는 모세와 대면하여 말씀하시며 출 33:11

당신은 주님과 교제의 추억이 있는가?

없다면 오늘부터 만들어보자.

주님이 당신과의 교제를 애타게 기다리신다.

솔직함으로 드리는 기도

내 마음이 심히 고민하여 죽게 되었으니

너희는 여기 머물러 깨어있으라 하시고

조금 나아가사 땅에 엎드리어 될 수 있는 대로

이때가 자기에게서 지나가기를 구하여 이르시되 막 14:34,35

하나님께서는 우리의 솔직한 기도를 원하신다.

그 누구에게도 털어놓지 못한 이야기를 주님께 고백해보자.

당신에게 생명을 내어주신 주님과 이 세상 그 누구보다

가장 친밀하고 솔직한 관계를 맺을 수 있을 것이다.

예시

ex. 점심시간에 사람들과 사회 이슈와 연예인 이야기로 수다를 떨곤
했는데, 오늘은 혼자 나와서 근처의 작은 공원에서 주님과 산책하는
시간을 가져보았다. 하나님의 음성이 구체적으로 들려온 것은 아니지
만, 주님이 나와 함께하시는 듯한 느낌이 들면서 마음에 평안이 임했
다. 앞으로도 종종 주님과 이런 시간을 가져보련다.

적용 | 일주일에 2번, 20분씩 주님과 산책 데이트하기

- 정시기도 시간에 친밀함, 솔직함으로 기도해보기
- 주님과의 대화 적어보기

	정시기도 총30분		친밀함 & 솔직함 묵상 내용
	아침10분	저녁20분	
주일			
월			
화			

	정시기도 총30분		친밀함 & 솔직함 묵상 내용
	아침10분	저녁20분	
수			
목			
금			
토			

귀를 기울여 :
경청기도 하기

내 양은 내 음성을 들으며 나는 그들을 알며

그들은 나를 따르느니라 요 10:27

하나님과의 기도 시간에도 경청 연습이 필요하다.

그분의 음성에 잠잠히 귀 기울여 보는 것이다.

주님의 음성을 듣고,

그 말씀의 의미와 느낌까지도 되새겨보자.

기도 제목만 줄줄이 늘어놓는 것을 잠깐 멈추고,

하나님의 음성에 귀를 기울여 보라.

기도의 골방을 당신의 목소리로만 가득 채우지 말고,

주님의 음성에 귀 기울이라.

당신도 분명 하나님 아버지의 음성을 들을 수 있을 것이다.

예시

• 경청기도를 하고 기록해보기

  (단어, 문장, 그림, 느낌, 성경 구절 등 망설이지 말고 과감하게 써보자)

ex. 2013.9.3. 경청기도 가운데 머릿속에 떠오른 모습을 기도 노트에 그려 넣었다. 들려온 말씀과 함께.

기치를 높이 들라!

네게 허락한 땅에서 나의 이름을 높이 드는 자로 살아내렴.

네가 하는 것이 아니라, 내가 하는 거야.

내가 너와 함께하며 너를 사로잡을 것이다.

아픔에 눌려있고, 마귀에게 유린당하는 자들을 위해 기도하라.

두려워 말고 의심을 던져버리라.

내가 너와 함께함이라.

• 경청기도를 하고 기록해보기

(단어, 문장, 그림, 느낌, 성경 구절 등 망설이지 말고 과감하게 써보자)

오직 한 분께 :
찬양기도 하기

이 백성은 내가 나를 위하여 지었나니

나를 찬송하게 하려 함이니라 사 43:21

당신의 골방에서, 주님과 단둘이 있는 기도 시간에
찬양을 불러본 적이 있는가?
아직 한 번도 없다면 오늘부터 시작해보라.
주님께서는 너무도 흐뭇하게
당신의 찬양에 귀를 기울이며 기쁘게 받으실 것이다.

예시

- 주님을 향한 당신의 찬송시 써보기
- 좋아하는 찬양을 골라 골방에서 부르기

ex.

아무것도 두려워 말라

주 나의 하나님이 지켜주시네

놀라지 마라 겁내지 마라

주님 나를 지켜주시네

내 맘이 힘에 겨워 지칠지라도

주님 나를 지켜주시네

세상의 험한 풍파 몰아칠 때도

주님 나를 지켜주시네

주님은 나의 산성 주님은 나의 요새

주님은 나의 소망 나의 힘이 되신 여호와

적용 | 오늘 이 찬양을 골방에서 부르면서 큰 힘을 얻었다. 얼마나 눈물이 나던지…. 여러 고민과 염려로 눌려있던 내 마음에 주님께서 말씀해주시는 듯했다. 오직 나의 소망 되시며 힘이 되시는 주님만을 붙들며 다시 일어나야겠다.

- 주님을 향한 당신의 찬송시 써보기
- 좋아하는 찬양을 골라 골방에서 부르기

_____

_____

_____

_____

_____

_____

_____

_____

_____

_____

_____

적용 |

_____

_____

_____

_____

_____

_____

_____

_____

_____

_____

_____

_____

소리내어 읊조리는 :
말씀기도 하기

하나님의 말씀은 살아있고 활력이 있어

좌우에 날선 어떤 검보다도 예리하여

혼과 영과 및 관절과 골수를 찔러 쪼개기까지 하며

또 마음의 생각과 뜻을 판단하나니 히 4:12

'내 말'이 아닌 '성경 말씀'으로 기도하는 것을 말한다.

성경의 한두 구절을 정해서 일주일간 암송하며 기도한다.

주일에 말씀을 정하고 평일의 삶이 시작되는

월요일부터 그 구절을 하루에 일곱 번씩 읽는다.

반복해서 여러 번 읽으며 자연스레 암송한다.

하루에도 여러 번 무심코 들여다보는 스마트폰에서
10분만 눈을 떼어도 충분히 할 수 있다.
암송에 대한 편견을 버리고, 귀찮은 마음을 뒤로하고,
소리 내어 말씀으로 기도해보자.

상황에 따라 말씀으로 기도해보기

• 염려가 밀려올 때

  아무것도 염려하지 말고 다만 모든 일에 기도와 간구로,

  너희 구할 것을 감사함으로 하나님께 아뢰라

  그리하면 모든 지각에 뛰어난 하나님의 평강이

  그리스도 예수 안에서 너희 마음과 생각을 지키시리라 빌 4:6,7

• 재정으로 근심할 때

  공중의 새를 보라 심지도 않고 거두지도 않고

  창고에 모아들이지도 아니하되

  너희 하늘 아버지께서 기르시나니

  너희는 이것들보다 귀하지 아니하냐

  너희 중에 누가 염려함으로 그 키를 한 자라도 더할 수 있겠느냐…

  그러므로 염려하여 이르기를 무엇을 먹을까

  무엇을 마실까 무엇을 입을까 하지 말라 마 6:26,27,31

- 피곤하며 지칠 때

  오직 여호와를 앙망하는 자는 새 힘을 얻으리니

  독수리가 날개 치며 올라감 같을 것이요

  달음박질하여도 곤비하지 아니하겠고

  걸어가도 피곤하지 아니하리로다 사 40:31

- 사람에게 위축되었을 때

  내가 하나님을 의지하였은즉 두려워하지 아니하리니

  사람이 내게 어찌하리이까 시 56:11

- 과거에 매일 때

  그런즉 누구든지 그리스도 안에 있으면 새로운 피조물이라

  이전 것은 지나갔으니 보라 새것이 되었도다 고후 5:17

- 자아와 씨름할 때

  내가 그리스도와 함께 십자가에 못 박혔나니

  그런즉 이제는 내가 사는 것이 아니요

  오직 내 안에 그리스도께서 사시는 것이라

  이제 내가 육체 가운데 사는 것은

  나를 사랑하사 나를 위하여 자기 자신을 버리신

  하나님의 아들을 믿는 믿음 안에서 사는 것이라 갈 2:20

- 이번 주에 읽을 말씀 정하기
- 하루에 1장이라도 꼭 성경 읽기
- 말씀을 반복적으로 소리 내어 기도하기

ex. 이번 주에는 '야고보서'를 읽기로 정했다면 하루에 1장씩 소리 내어 읽으라. 특별히 마음에 와닿는 구절은 열 번씩 소리 내어 읽으며 암송기도를 해보자.

월 | 내 형제들아 너희가 여러 가지 시험을 당하거든 온전히 기쁘게 여기라 이는 너희 믿음의 시련이 인내를 만들어내는 줄 너희가 앎이라 (약 1:2,3).

적용 | 여러 번 반복해서 읽으며 암송기도를 하니 크고 작은 일들을 만나며 불평했던 것이 회개가 되었다. 주님께서 기뻐하라고 하신다. 주님 때문에 난 기뻐할 수 있는 사람이다. 믿음의 사람, 인내의 사람이 되자.

화 | 영혼 없는 몸이 죽은 것같이 행함이 없는 믿음은 죽은 것이니라 (약 2:26).

적용 | 주님을 믿는다고 하면서 얼마나 행함이 있었는지 돌아보게 된다. 특히 오늘 읽은 2장 말씀에서 '이웃에 대하여 차별대우하지 말라'고 하신다. 난 내가 좋아하는 사람만 섬기려고 했던 것 같다. 편견을 버리고, 주님께서 말씀하시는 영혼을 향해 실제로 섬기자.

6주차 실전 연습

- 이번 주에 읽을 말씀 정하기
- 하루에 1장이라도 꼭 성경 읽기
- 말씀을 반복적으로 소리 내어 기도하기

주일 | 말씀: _____

_____

적용: _____

_____

월 | 말씀: _____

_____

적용: _____

_____

화 | 말씀: _____

_____

적용: _____

_____

수 | 말씀: _____

_____

적용: _____

_____

목 | 말씀: _____

_____

적용: _____

_____

금 | 말씀: _____

_____

적용: _____

_____

토 | 말씀: _____

_____

적용: _____

_____

상한 심령으로 :
회개기도 하기

> 하나님께서 구하시는 제사는 상한 심령이라
> 하나님이여 상하고 통회하는 마음을
> 주께서 멸시하지 아니하시리이다 시 51:17

상한 심령은 내 잘못으로 인해 사랑하는 사람 마음에
상처를 입혔을 때 미안해하는 마음일 것이다.
하나님께서 우리에게 원하시는 것은 바로 이 마음이다.
당신의 삶에서 '하나님이 싫어하실 수도 있겠다'라는
영역이 있는가?

당신은 하나님 앞에 죄인임을 깨닫는가?
당신에게 세워진 '죄의 기준'을 돌아보고
성령님께 도움을 구하라.
우리는 회개조차도 스스로 하기 어렵다.
주님의 기준에 합당치 않은 죄를 고백하며 돌아선다면
이전보다 더욱 가까이에서 거룩하신 주님을
만날 수 있을 것이다.

예시

• 죄를 깨닫고 회개할 수 있도록 성령님의 도우심을 구하기
• 죄의 기준을 하나님의 죄의 기준으로 바꾸기

ex. '선의의 거짓말은 나쁘지 않아'.

적용 | "악은 어떤 모양이라도 버리라"(살전 5:22). 선의의 거짓말도 거짓말인 것을 인정하자. 어떤 거짓말이라도 핑계하지 말고 진실한 사람이 되자.

ex. '내 자식은 공부 잘하고 돈 잘 버는 사람으로 성공시켜야 해. 내 자식은 내 자랑이야'.

적용 | "여호와를 경외하는 것이 지식의 근본이거늘 미련한 자는 지혜와 훈계를 멸시하느니라"(잠 1:7). 자녀를 하나님을 경외하는 사람으로 키우는 것이 가장 중요하다. 나는 청지기일 뿐임을 잊지 말자.

- 죄를 깨닫고 회개할 수 있도록 성령님의 도우심을 구하기
- 죄의 기준을 하나님의 죄의 기준으로 바꾸기

나의 기준: _____

_____

적용: _____

_____

나의 기준: _____

_____

적용: _____

_____

나의 기준: _____

_____

적용: _____

_____

나의 기준:_____

_____

적용:_____

_____

나의 기준:_____

_____

적용:_____

_____

나의 기준:_____

_____

적용:_____

_____

나의 기준:_____

_____

적용:_____

_____

크게 명령하여 :
선포기도와
통성기도 하기

너는 내게 부르짖으라 내가 네게 응답하겠고

네가 알지 못하는 크고 은밀한 일을 네게 보이리라 렘 33:3

선포기도

우리는 하나님의 자녀답게 예수님처럼 자라나고,

그분처럼 살아내야 한다.

또한 그 자존감을 가지고 예수님의 이름으로 선포하고

명령하는 기도를 하는 것이 바로 하나님을 기쁘시게 해드리고,

예수님을 영화롭게 하는 일이다.

통성기도

잠잠한 묵상으로 기도하는 것도 좋지만,
때로 골방에서 소리 높여 기도해보자.
왕 같은 제사장, 거룩한 나라, 그의 소유 된 백성답게
선포하며 소리 내어 기도하자.

예시

- 소리 내어 기도해보기
- 수동적 기도에서 능동적 기도로 즉, 선포하는 기도로 바꿔보기

ex. 부정적인 생각들로 마음이 어려워요. 주님, 여기서 건져주세요.

적용 | 예수님의 이름으로 꾸짖노니 부정적인 감정과 생각들은 떠나가라! 거부하노라. 내 마음과 생각 가운데서 속히 떠나가라!

ex. 재정으로 걱정이 되고 힘들어요. 주님, 도와주세요.

적용 | 예수님의 이름으로 선포한다. 필요한 재정들은 채워져라! "너희는 무엇을 먹을까 무엇을 마실까 하여 구하지 말며 근심하지도 말라 이 모든 것은 세상 백성들이 구하는 것이라 너희 아버지께서는 이런 것이 너희에게 있어야 할 것을 아시느니라 다만 너희는 그의 나라를 구하라 그리하면 이런 것들을 너희에게 더하시리라"(눅 12:29-31)라고 하신 말씀처럼 주님께서는 다 아시고 채우신다. 내 영혼아, 주님의 나라를 구하자!

- 소리 내어 기도해보기
- 수동적 기도에서 능동적 기도로 즉, 선포하는 기도로 바꿔보기

수동적 기도 _____

_____

선포하는 기도 _____

_____

_____

수동적 기도 _____

_____

선포하는 기도 _____

_____

_____

수동적 기도 _____

_____

선포하는 기도 _____

_____

_____

수동적 기도 _____

_____

선포하는 기도 _____

_____

_____

매달리며 침노하는 :
간구기도 하기

이삭이 그의 아내가 임신하지 못하므로

그를 위하여 여호와께 간구하매

여호와께서 그의 간구를 들으셨으므로

그의 아내 리브가가 임신하였더니 창 25:21

하나님만 의지하는 믿음의 기도

간구는 하나님만을 의지하고 믿음으로 나아가는 기도이다.

이처럼 내 노력과 환경과 사람을 의지하는 것이 아니라

오직 하나님만을 의지하며 그분께 전적인 믿음으로 구하자.

하나님의 뜻을 만나는 인내의 기도

하나님은 인내의 기도를 통해 우리의 믿음을 자라게 하시며,
선하신 그분의 뜻을 만나게 하신다.

항상 기도하고 낙심하지 않는 기도

왜 한 번에 주시지 않는가?
하나님의 뜻을 만나는 지점까지 가야 하기 때문이다.
낙심하지 않고 끝까지 두드릴 때 살아계신 하나님,
응답하시는 하나님을 만날 수 있다.

침노로 하나님의 뜻을 끌어오는 기도

사단은 우리를 낙심케 한다.
낙심을 통해 믿음을 훔치고, 끝까지 기도하지 못하게 한다.
공격받을 때, 수동적으로 방어만 하지 말고
좀 더 적극적인 태도로 나아가는 것이 필요하다.

예시

- '믿음'의 간구기도 적고 기도하기

  ex. 문제가 터지면 휴대폰부터 잡기 바빴다. 사람에게 의지할 뿐 기도하지 않았다. 이제는 먼저 하나님 앞에 아뢰자.

- '인내'의 간구기도 적고 기도하기

  ex. 배우자 기도를 하다 관두었다. 오늘부터 다시 시작해야겠다. 사실은 배우자 기도를 통해 나를 먼저 돌아보게 하시는 것 같다. 일단 내가 믿음의 배우자로서 낙제점이다. 하나님이 내게 원하시는 뜻을 만나고 싶다. 믿음의 가정을 이룰 수 있도록 나부터 믿음의 사람으로 준비되자. 배우자를 만날 때까지 인내의 기도로 나아가자.

- '낙심하지 말아야 할' 간구기도 적고 기도하기

  ex. 가족구원을 위해 기도하다 낙심해서 포기했다. '주 예수를 믿으라 그리하면 너와 네 집이 구원을 받으리라'라고 하셨다! 주님을 신뢰하고 끝까지 기도하자. 다시 기도의 자리로 나아가자.

- '침노'의 간구기도 적고 기도하기

  ex. 상황과 생각과 감정들이 자꾸 기도하는 것을 포기하게 한다. 자아가 기도하지 못하게 주장한다. 힘든 상황을 탓하며 더 이상 주저앉지 말자. 침노함으로 간절히 주님을 붙들자. 나를 누르는 것보다 더 큰 침노함으로 주님 앞에 나아가자!

- '믿음'의 간구기도 적고 기도하기

  _____

  _____

  _____

- '인내'의 간구기도 적고 기도하기

  _____

  _____

  _____

- '낙심하지 말아야 할' 간구기도 적고 기도하기

  _____

  _____

  _____

- '침노'의 간구기도 적고 기도하기

  _____

  _____

  _____

주님과 교통하는 :
영의 기도 하기

하나님은 영이시니

예배하는 자가 영과 진리로 예배할지니라 요 4:24

혼의 기도

자신의 지성과 감정에 끌려 기도하는 것을 의미한다.

자신의 마음과 생각의 소용돌이에 붙잡혀

기도해도 하나님 음성이 잘 안 들려서 답답하다.

혼의 영역들을 내려놓고 성령의 인도하심을 구하자.

내 영이 주님을 바라볼 수 있도록 그분께 초점을 옮기자.

몸의 기도

육에 붙들린 사람은 육신이 원하는 것만 구하게 되어있다.
육신의 쾌락과 안락함을 추구하며,
기복신앙으로 흐르는 기도를 할 확률이 아주 높다.
이런 기도로는 영이신 하나님을 만날 수 없고,
하나님의 뜻도 당연히 알 수가 없다.

방언기도(영의 기도)

방언은 원수가 알 수 없는
하나님과 나 사이의 '비밀 소통'이다.
성령께서 하나님과 내 영혼에 유익한 기도를 올리시고
그로 인해 응답받기에 놀라운 비밀의 기도이다.
방언을 통해 성령의 충만함을 입는 경험을 할 수 있었고,
성령을 따라 기도하는 것을 배울 수 있었다.

예시

- '혼'으로(in Soul) 기도하던 것 적어보기

  ex. 저는 이성으로 모든 것을 판단했습니다. 하나님을 기대하기보다
  는 늘 이성적 판단과 합리적 사고가 우상이었어요. 천지를 지으시고
  다스리시는 주님을 신뢰하겠습니다. 계산과 판단을 모두 내려놓고,
  주님을 신뢰하고 기대하며 기도하겠습니다.

- '몸'으로(in Body) 기도하던 것 적어보기

  ex. 음란의 소욕에 붙들려 살았습니다. 음란한 습관과 미디어를 끊겠
  습니다! 성령님, 예수의 보혈로 씻어주시고 죄와 싸울 수 있는 믿음과
  힘을 주세요. 말씀이 깨달아지고 저를 주장하는 힘이 되게 해주세요.

- 성령님을 따라 '영'으로(in Spirit) 기도하기

  ex. 주님을 찬양합니다. 성령님을 인정합니다. 내 영혼아, 주를 바라
  라. 내 삶의 모든 영역에 주님이 주인 되시기 원합니다. 하나님의 나라
  와 뜻을 위해 기도하며, 제게 주신 이웃들을 사랑으로 중보하기 원합
  니다.

- '혼'으로(in Soul) 기도하던 것 적어보기

_____

_____

_____

- '몸'으로(in Body) 기도하던 것 적어보기

_____

_____

_____

- 성령님을 따라 '영'으로(in Spirit) 기도하기

_____

_____

_____

대신 드리는:
중보기도 하기

마음을 살피시는 이가 성령의 생각을 아시나니

이는 성령이 하나님의 뜻대로 성도를 위하여 간구하심이니라 롬 8:27

중보 기도

중보기도는 '예수님의 마음과 같은 기도'이다.

다른 이들을 위해서 기도하는 자들은

하나님을 더 깊이 만나고

내 삶을 내 생각보다 더 살뜰히 챙겨주시는

하나님을 경험할 것이다.

도고기도

예수의 보혈로 씻긴 우리가 영으로 기도할 때,
곧 성령을 따라 기도할 때
예수님이 기도하시는 것과 같은 기도가 된다.
우리는 하나님과 사람 사이에서
기도하는 '중보자'의 역할을 감당할 수 있게 되었다.

예시

• **중보 대상 써보기**

중보 대상의 체크 리스트를 만들라. 날마다 중보하는 대상과 요
일별 중보 대상을 구별해도 좋다.

ex. 날마다 중보 리스트 – 셀원(C양, L양…), 담임목사님, 남편, 시댁과
친정 가족들, 한국교회, 나라와 민족

요일별 중보 리스트 – 목자들 하루에 4명씩, 기도시작반 팀원들 하루
에 4명씩, 열방의 선교사님과 교회들, 그 외에 중보하고 있는 지인들
의 명단을 요일별로 나누어서 중보한다.

특별히 일정기간 기도하는 중보의 대상이 있다면 기록해도 좋다.

• 중보 대상 써보기

중보 대상의 체크 리스트를 만들라. 날마다 중보하는 대상과 요일별 중보 대상을 구별해도 좋다.

• 날마다 중보

_____

_____

• 요일별 중보

월 _____

화 _____

수 _____

목 _____

금 _____

토 _____

주일 _____

- 특별 중보

_____

_____

_____

_____

_____

- 기도모임에 참석하거나 기도모임 만들기

  단톡방을 활용해서 기도 제목 공유하기, 각자의 자리에서 중보하고 기도손 표시 올리기, 정해진 시간에 모여서 중보하기와 같은 규칙을 정해도 좋다. 함께 상의해서 규칙을 정한 다음 지켜나가자.

그러므로 너희는 이렇게 기도하라

하늘에 계신 우리 아버지여 (마 6:9)

"하늘에 계신 우리 아버지여"라고 주님의 이름을 불러보자.

당신을 생명 다해 사랑하시는 그 아버지를 바라보자.

당신의 마음의 시선을 그분께로 옮겨보자.

그분이 어떠한 분이신지 생각하고 입술로 고백해보자.

ex. 하늘에 계신 아버지, 하나님께서 제 아버지가 되어주셔서 너무 감사합니

다. 우주를 지으신 분이 제 아버지라니…. 크신 아버지를 바라봅니다. 그렇게

위대하신 아버지께서 독생자를 보내어 제 죄를 씻어주신 것도 감사합니다.

아버지의 사랑의 깊이와 넓이를 경험하고 싶습니다. 머리로만 아는 것이 아

니라, 실제 삶에서 아버지를 경험하고 싶어요. 하나님 아버지가 어떠한 분이신지 더욱 깨닫고, 맛보아 알기 원해요. 내게서 시선을 들어 아버지를 바라봅니다.

이름이 거룩히 여김을 받으시오며(마 6:9)

하나님은 거룩하시다. 찬송받기에 합당하신 분이다.
그 거룩하신 하나님의 이름을 찬양해보라.
'찬양기도'에서 얘기했던 것처럼 주님의 거룩하심을 찬양하라.

ex. 주님의 이름을 찬양합니다. 아버지의 이름이 저로 인해 거룩히 여김을 받으시기 원해요. 제가 직장에서 아버지의 자녀로서 주님의 이름을 거룩하게 올려드리고 있는지 돌아봅니다.
사실 일에만 몰두해서 아버지를 미처 생각조차 못한 적이 더 많아요. 게다가 짜증을 쉽게 낸 것 같아요. 죄송해요, 아버지. 이제는 직장에서 주님을 생각할게요. 주님의 자녀답게 감사와 기쁨과 인내를 힘쓸게요. 항상 기뻐하고 범사에 감사하라고 하신 아버지 말씀을 생각하면서 일할게요. 그래서 제 삶으로 아버지의 이름을 거룩하게 올려드리는 자랑스러운 자녀가 되고 싶어요.

나라가 임하시오며 뜻이 하늘에서 이루어진 것같이
땅에서도 이루어지이다(마 6:10)

그리스도인들이 각자의 자리에서 자신이 속한 공동체에
하나님의 나라와 뜻이 임하길 기도한다면,
온 나라 구석구석에 주님의 역사들이 나타날 것이다.
또한 당신이 속한 공동체를 넘어 다른 공동체, 나라와 민족,
열방을 향해 시선이 더욱 열리고 확장되길 바란다.
이런 기도가 다시 오실 예수님을 예비하는,
주님의 뜻에 합한 기도일 것이다.

> ex. 하나님, 오늘 제가 일하는 이곳에, 만나는 사람들에게 하나님나라가 임하고 뜻이 부어지길 기도합니다. 제가 그것을 위해 무엇을 해야 할지 알기 원해요. 제 입장만을 생각하는 이기적이고 개인주의적인 마음을 내려놓고, 아버지의 나라와 뜻을 바라보게 해주세요. 주님과 동역하는 일꾼이 되고 싶어요.

오늘 우리에게 일용할 양식을 주시옵고(마 6:11)

우리는 주님의 약속을 믿고, 그대로 순종하면 된다.
이런저런 염려들을 늘어놓는 것은
사실 주님의 약속을 믿지 못하는 '불신'이지 않은가.

내 공급자가 주님이심을 믿자.

그리고 오늘 하루 허락하신 것들에 감사하며

충분하다고 고백하자.

> ex. 오늘 하루 내 삶에 필요한 것들을 구합니다. 이미 주님께서 다 알고 계
> 심을 믿습니다. 주님이 바로 제 공급자시니까요. 그런데 자꾸 환경을 바라
> 보며 '현실'이란 이름 앞에 염려와 욕심이 몰려와요. 이것들에 붙잡히고 함몰
> 되지 않게 도와주세요. 오직 공급자이신 아버지를 신뢰하며 나아갑니다.
> 오늘의 시간, 물질, 관계, 감정과 생각까지도 모두 주님께 내어드립니다. 저
> 를 다스려주세요. 그리고 허락하신 모든 것을 감사함으로 받습니다. 부족
> 하지 않습니다. 충분해요. 그리고 이미 주님이 계시니 전 모든 것을 받은 자
> 입니다.

우리가 우리에게 죄 지은 자를 사하여 준 것같이

우리 죄를 사하여 주시옵고(마 6:12)

우리가 일상에서 짓는 크고 작은 죄들을

그냥 넘어가지 말자.

하나님 앞에 회개하며 기도하자.

그리고 그 죄에서 돌이키자.

점점 거룩하신 하나님 아버지의 자녀답게

살아내는 당신으로 성장할 것이다.

> ex. 아버지, 00 때문에 몹시 힘듭니다. 저와 다른 기질의 그와의 갈등으로 마음이 어렵습니다. 사실 그가 너무 미워요. 마주할 때마다 화가 나고, 정죄하는 생각에 사로잡힙니다. 그러나 이것은 분명히 주님께서 기뻐하시지 않는 마음이지요. 그의 잘못에 집중하는 제 시선을 회개합니다. 주님께 받은 큰 은혜를 바라볼 때 제 원망과 미움은 배은망덕합니다. 그 역시 저로 인해 힘들 것입니다. 제 완악함을 꺾어주시고, 그를 용서할 수 있는 겸손과 온유를 부어주세요. 성령님, 저를 도와주세요.

우리를 시험에 들게 하지 마시옵고
다만 악에서 구하시옵소서(마 6:13)

기도할 때 주님께서 우리를 붙드시며
또한 우리의 영혼이 깨어난다.
자신도 모르게 시험으로 달려가고 있다가도
기도할 때 정신이 번쩍 든다.
기도하지 않으면 잠들 수밖에 없다.
그러면 시험에 들어 악으로까지 나아간다.
우리의 지혜와 힘으로 이길 수가 없다.
하지만 기도할 때, 분별할 수 있는 영안이 열린다.

ex. 아버지, 서운한 마음이 있습니다. 당연히 서운할 수밖에 없는 상황이라고 여겼는데 이것이 사단이 놓은 덫이 아닌가 돌아봅니다. 시험에 들지 않도록 제 마음과 생각을 지켜주세요. 일곱 번씩 일흔 번도 용서하라고 하신 예수님의 말씀을 기억할게요. 지금 제 앞에 놓인 선택 앞에서 이것이 주님이 주신 길인지, 유혹의 길인지 분별하기 원합니다. 하나님의 뜻을 알기 원합니다. 다만 악에 빠지지 않도록 저를 깨워주시고, 마음과 생각을 지켜주셔서 하나님이 이끄시는 길, 주님과 동행하는 길로만 다니게 해주세요.

나라와 권세와 영광이
아버지께 영원히 있사옵나이다 아멘(마 6:13)

우리가 항상 기도해야 하는 이유가 바로 이것이다.
기도하지 않아 시들시들해져 죽음을 향해 가는
당신의 영혼을 내버려두지 말고,
날마다 하나님과 동행하는 삶을 살기를
간절히 바라며 응원한다.

ex. 나라와 권세와 영광, 이 모든 것이 아버지께 있음을 믿습니다. 제가 기도할 수 있는 이유이며, 기도해야 하는 이유입니다. 모든 것을 이루실 주님을 믿고, 찬양합니다. 모든 이름 위에 뛰어나신 예수 그리스도의 이름으로 기도합니다. 아멘.

• 주기도문에 맞게 당신의 기도문 써보기

하늘에 계신 우리 아버지여

_____

_____

이름이 거룩히 여김을 받으시오며

_____

_____

나라가 임하시오며 뜻이 하늘에서 이루어진 것같이 땅에서도 이
루어지이다

_____

_____

오늘 우리에게 일용할 양식을 주시옵고

우리가 우리에게 죄 지은 자를 사하여 준 것같이 우리 죄를 사하
여 주시옵고

우리를 시험에 들게 하지 마시옵고 다만 악에서 구하시옵소서

나라와 권세와 영광이 아버지께 영원히 있사옵나이다 아멘

항상 기뻐하라
쉬지 말고 기도하라
범사에 감사하라
이것이 그리스도 예수 안에서
너희를 향하신 하나님의 뜻이니라

살전 5:16-18

PRAYER

12주
매일 훈련 점검표

WORK

BOOK

1주차	QT	기도 (분)	통독 (장)	말씀 10번 읽기	중보 기도	암송 말씀 쓰기
주일						
월						
화						
수						
목						
금						
토						

2주차	QT	기도 (분)	통독 (장)	말씀 10번 읽기	중보 기도	암송 말씀 쓰기
주일						
월						
화						
수						
목						
금						
토						

3주차	QT	기도 (분)	통독 (장)	말씀 10번 읽기	중보 기도	암송 말씀 쓰기
주일						
월						
화						
수						
목						
금						
토						

4주차	QT	기도 (분)	통독 (장)	말씀 10번 읽기	중보 기도	암송 말씀 쓰기
주일						
월						
화						
수						
목						
금						
토						

5주차	QT	기도 (분)	통독 (장)	말씀 10번 읽기	중보 기도	암송 말씀 쓰기
주일						
월						
화						
수						
목						
금						
토						

6주차	QT	기도 (분)	통독 (장)	말씀 10번 읽기	중보 기도	암송 말씀 쓰기
주일						
월						
화						
수						
목						
금						
토						

7주차	QT	기도 (분)	통독 (장)	말씀 10번 읽기	중보 기도	암송 말씀 쓰기
주일						
월						
화						
수						
목						
금						
토						

8주차	QT	기도 (분)	통독 (장)	말씀 10번 읽기	중보 기도	암송 말씀 쓰기
주일						
월						
화						
수						
목						
금						
토						

9주차	QT	기도 (분)	통독 (장)	말씀 10번 읽기	중보 기도	암송 말씀 쓰기
주일						
월						
화						
수						
목						
금						
토						

10주차	QT	기도 (분)	통독 (장)	말씀 10번 읽기	중보 기도	암송 말씀 쓰기
주일						
월						
화						
수						
목						
금						
토						

11주차	QT	기도 (분)	통독 (장)	말씀 10번 읽기	중보 기도	암송 말씀 쓰기
주일						
월						
화						
수						
목						
금						
토						

78

12주차	QT	기도 (분)	통독 (장)	말씀 10번 읽기	중보 기도	암송 말씀 쓰기
주일						
월						
화						
수						
목						
금						
토						

당신을 위한, 기도 워크북

초판 1쇄 발행	2018년 12월 6일
지은이	유예일

펴낸이	여진구		
책임편집	김아진, 권현아		
편집	안수경, 최현수, 이영주, 김윤향		
책임디자인	조아라 | 마영애, 노지현		
기획·홍보	김영하	해외저작권	기은혜
마케팅	김상순, 강성민, 허병용	마케팅지원	최영배, 정나영
제작	조영석, 정도봉	경영지원	김혜경, 김경희
이슬비전도학교	최경식	303비전성경암송학교	박정숙
303비전장학회 & 303비전꿈나무장학회	여운학		

펴낸곳	규장

주소 06770 서울시 서초구 매헌로 16길 20(양재2동) 규장선교센터
전화 02)578-0003   팩스 02)578-7332
이메일 kyujang0691@gmail.com   홈페이지 www.kyujang.com
페이스북 facebook.com/kyujangbook   인스타그램 instagram.com/kyujang_com
카카오스토리 story.kakao.com/kyujangbook
등록일 1978.8.14. 제1-22

책값 뒤표지에 있습니다.
ISBN 978-89-6097-560-6 03230

규│장│수│칙

1. 기도로 기획하고 기도로 제작한다.
2. 오직 그리스도의 성품을 사모하는 독자가 원하고 필요로 하는 책만을 출판한다.
3. 한 활자 한 문장에 온 정성을 쏟는다.
4. 성실과 정확을 생명으로 삼고 일한다.
5. 긍정적이며 적극적인 신앙과 신행일치에의 안내자의 사명을 다한다.
6. 충고와 조언을 항상 감사로 경청한다.
7. 지상목표는 문서선교에 있다.

하나님을 사랑하는 자 곧 그의 뜻대로 부르심을 입은 자들에게는 모든 것이 合力하여 善을 이루느니라(롬 8:28)